Der Beweiswert der Blutgruppenuntersuchung im Zivilprozeß bei streitiger Vaterschaft

von

Dr. Kurt Meyer
Landgerichtsrat in Danzig

Verlag von Georg Stilke, Berlin

Der Beweiswert der Blutgruppenuntersuchung im Zivilprozeß bei streitiger Vaterschaft

von

Dr. Kurt Meyer
Landgerichtsrat in Danzig

1928
Verlag von Georg Stilke, Berlin

Schettlers Erben A.-G., Köthen-Anh.

Einleitung.

Diejenigen Rechtsstreitigkeiten, deren Ziel die Feststellung der Vaterschaft bildet, zeichnen sich dadurch aus, daß in ihnen Rechtsfragen eine untergeordnete Rolle zu spielen pflegen, weil die Anwendung der gesetzlichen Vorschriften auf den festgestellten Sachverhalt selten zu Schwierigkeiten führt, daß hingegen die Sammlung und Prüfung des tatsächlichen Streitstoffs einen um so breiteren Raum einnimmt. In der Hauptsache sind es die Alimentenprozesse unehelicher Kinder, bei denen die Tätigkeit des Richters eigentlich sich in der Erhebung und Würdigung der Beweise erschöpft. Ist diese Arbeit getan, dann ergibt sich das Urteil meistens ohne weiteres. Es versteht sich daher von selbst, daß gerade in diesen Alimentenprozessen die verhältnismäßig engen Grenzen der Möglichkeit richtiger Tatsachenermittlung mit Hilfe der dem Richter gewöhnlich zur Verfügung stehenden Beweismittel deutlich zutage treten. Regelmäßig handelt es sich dann um die Frage, ob der fast stets als Zeugin auftretenden Mutter des Kindes oder dem Zeugen, der seine eigene Beiwohnung während der Empfängniszeit bekundet, Glauben geschenkt werden kann. Allein zur Vorbereitung der Entscheidung hierüber muß häufig eine umfangreiche Beweisaufnahme stattfinden, weil ja die Würdigung der Zeugenaussagen hier dadurch noch besonders erschwert ist, daß die Zeugen mindestens zum großen Teil in nahen verwandtschaftlichen oder sonstigen eng verbindenden Beziehungen zu einer der Parteien stehen. Kein Wunder, daß gerade in diesen Prozessen Meineide außerordentlich häufig sind. Ist dann das ganze Beweismaterial erschöpft, so bleibt das Ergebnis trotzdem oft recht zweifelhaft und die Entscheidung daher unsicher. Das ist um so unerfreulicher, als es sich in diesen Prozessen für die Parteien um recht schwerwiegende Interessen handelt. Auch ist die Zahl dieser Prozesse nicht klein. Werden doch in Deutschland von allen Kindern ungefähr 10 % außerehelich geboren.

Es ist deshalb dankbar zu begrüßen, daß die Naturwissenschaften sich bemühen, der Rechtsprechung im Vaterschaftsstreit durch objektive, von der unsicheren Wertung zweifelhafter Zeugenaussagen unabhängige Methoden zu Hilfe zu kommen. Diese Forschungen haben in den letzten Jahren beachtliche Ergebnisse gezeitigt. Ist es auch noch nicht gelungen, Methoden herauszuarbeiten, welche unter Zusammenfassung aller im einzelnen Fall verwertbaren vererblichen Merkmale zu einer jeden weiteren Beweis erübrigenden positiven Feststellung der Abstammung führen, so ist man doch wenigstens schon so weit gelangt, in geeigneten Fällen durch eine verhältnismäßig einfache Untersuchung die Vaterschaft ausschließen zu können. Es geschieht dies durch die Bestimmung der Blutgruppen des Kindes und der als Eltern bezeichneten Personen. Diese Methode wird m. E. noch viel zu wenig angewandt. Das liegt einerseits wohl daran, daß nur in einem verhältnismäßig kleinen Teil aller Fälle damit zu rechnen ist, daß sich eine Kombination von Blutgruppen ergibt, die einen Schluß zuläßt. Bei den oben gestreiften Unzulänglichkeiten des üblichen Beweisverfahrens dürfte aber trotzdem die Möglichkeit, dieses wenigstens in einer Anzahl von Fällen auszuschalten, die allgemeine Anwendung rechtfertigen. Auch gibt es Fälle, in denen ein anderer Beweis nicht zur Verfügung steht. Zum anderen Teil wird aber die forensische Verwertung zweifellos gehemmt durch das natürliche Mißtrauen gegen die Zuverlässigkeit eines so jungen Erkenntnismittels, das einer dem Juristen im allgemeinen fremden Wissenschaft entstammt. Ebensowenig, wie es jedoch zulässig wäre, leichtfertig eine auf nicht genügend gesicherter wissenschaftlicher Grundlage beruhende Erkenntnismethode zur Tatsachenforschung zu benutzen, darf andererseits die Schwierigkeit der Beurteilung des Wertes eines neuen Erkenntnismittels dazu führen, seine Anwendung von vornherein ohne nähere Prüfung abzulehnen. In beiden Fällen ist das Unrecht gleich. Es ist daher die Aufgabe der Organe der Rechtspflege, sich an Hand des von den Sachverständigen unterbreiteten Materials ein Bild über den Wert des neuen Beweismittels zu verschaffen. Hierzu beizutragen, ist der Zweck dieser Schrift.

Der Beweiswert der Blutgruppenuntersuchung im Zivilprozeß bei streitiger Vaterschaft.*)

In den Fällen, in welchen der Richter im Zivilprozeß in die Lage kommt, über die Abstammung eines Kindes entscheiden zu müssen, wobei es sich praktisch nur um die Frage der Vaterschaft handelt, ist er zunächst an gewisse gesetzliche Vermutungen gebunden. Diese können zwar widerlegt werden, jedoch nur dadurch, daß der Richter davon überzeugt wird, daß „es den Umständen nach offenbar unmöglich ist", daß „die Frau das Kind von dem Mann empfangen hat" (§ 1591 Abs. 1 BGB.), oder „daß die Mutter das Kind aus dieser Beiwohnung empfangen hat" (§ 1717 Abs. 1 BGB.).

Dem Richter müssen also zur Widerlegung der gesetzlichen Vermutung die vermutete bzw. bewiesene Beiwohnung eines bestimmten Mannes einerseits und die Erzeugung desjenigen Kindes, um das es sich handelt, andererseits als zwei Erscheinungen dargetan werden, deren Verknüpfung als Ursache und Wirkung nach den durch Erfahrung ermittelten Naturgesetzen undenkbar ist. Durch die Art der bei diesem Beweise zu verwendenden Erfahrungsregel werden die zu beweisenden Tatsachen als Ausschnitte aus dem Gesamttatbestande bestimmt.

Über die Bedeutung des Wortes „offenbar" sind schon bei der Beratung der betreffenden Vorschriften Zweifel geltend ge-

---

*) Bei Zitaten habe ich mich folgender Abkürzungen bedient: Lattes = Lattes, Die Individualität des Blutes, Übersetzung von Schiff, Berlin 1925; Schiff (L) = Anhang zu dem vorgenannten Werk von Schiff: Die forensisch-medizinische Verwertbarkeit der Blutgruppendiagnose nach deutschem Recht; Schiff (T) = Schiff, Die Technik der Blutgruppenuntersuchung, Berlin 1926; Schiff (GM VII) = Schiff, Die Bluntuntersuchung bei streitiger Vaterschaft in Theorie und Praxis, in Deutsche Zeitschr. f. d. gesamte Gerichtl. Medizin, Band VII; Schiff (GM IX) = Schiff, Die Blutgruppen und ihre Anwendung vor Gericht, in derselben Zeitschr. Bd. IX; Reinheimer = Reinheimer, Kritische Übersicht über den gegenwärtigen Stand des individuellen Blutnachweises für forensische Zwecke, in derselben Zeitschr. Bd. VI.

macht worden. Es wird jetzt kaum noch bestritten, daß damit eine Beschränkung der zulässigen Beweise nicht vorgeschrieben ist. Welche Bedeutung das Wort „offenbar“ sonst haben könnte, ist nicht leicht ersichtlich[1]). Man wird wohl nicht fehl gehen, wenn man davon ausgeht, daß „offenbare Unmöglichkeit“ nichts anderes ist als Unmöglichkeit schlechthin, und daß es sich hier nur um eine die besondere Bedeutsamkeit des geforderten Beweises hervorhebende Floskel handelt. Vielleicht hat man den Richter besonders darauf hinweisen wollen, daß es hier mit der Anwendung von sogen. allgemeinen Erfahrungsregeln nicht getan ist, sondern daß nur wissenschaftlich einwandfrei bewiesene Gesetzmäßigkeiten herangezogen werden dürfen. In der Tat hat auch die Rechtsprechung bisher der Beweisführung andere Schranken nicht gesetzt.

Neben den bekannten Beweisführungen (Konzeptionsunfähigkeit der Frau, Zeugungsunfähigkeit des Mannes, Gebrauch empfängnishindernder Mittel, Reifegrad des Kindes) hat bisher die auf Vererbung beruhende Übereinstimmung gewisser Merkmale zwischen dem Kinde und den Eltern bzw. die Abwesenheit einer solchen an sich zu erwartenden Übereinstimmung nur eine ganz untergeordnete Rolle gespielt. Das hat seinen Grund weniger darin, daß die Vererbungsgesetze an sich noch zu wenig zuverlässig bekannt wären, sondern darin, daß einmal diejenigen individuellen Merkmale, deren Vererbung man kennt, meistens zu wenig eindeutig definiert sind (z. B. Farbe der Haut, der Haare, der Augen, Form des Kopfes und des Gesichts, Disposition zu gewissen Krankheiten), und daß es sich andererseits bei den eindeutig definierten, als vererblich erkannten Merkmalen in der Hauptsache um verhältnismäßig seltene Abnormitäten handelte.

Das hat sich nun geändert, seitdem man einige eindeutig definierte Merkmale des Menschen als vererbbar erkannt und die Art ihrer Vererbung erforscht hat. Es handelt sich dabei um die Vererbung der Papillarlinien der Fingerspitzen und der Blutgruppen. Es liegt auf der Hand, daß die genaue Kenntnis der Art der Vererbung solcher eindeutigen individuellen Merkmale für den Beweis der „offenbaren Unmöglichkeit“ in dem oben erörterten Sinn von außerordentlicher Bedeutung sein kann, da die Feststellung solcher Merkmale bei dem Kind und den an-

[1]) Dazu ausführlich Staudinger, Anm. 5 zu § 1591.

geblichen Eltern und ihre Vergleichung mit den Gesetzen ihrer Vererbung die Möglichkeit oder Unmöglichkeit der Verwandtschaft ergeben muß.

Es soll hier vom Standpunkt des Richters aus untersucht werden, ob und in welchem Umfang die Ergebnisse eines verhältnismäßig jungen Zweiges der biologisch-medizinischen Wissenschaft, nämlich der Erforschung der Blutgruppen beim Menschen und ihrer Vererbung, für den Beweis der offenbaren Unmöglichkeit der Erzeugung eines Kindes durch einen als Erzeuger bezeichneten Mann im Zivilprozeß verwertet werden können. Es ist selbstverständlich, daß der Richter bei der Untersuchung dieser Frage auf die von den Vertretern jener Wissenschaft vorgelegten Befunde ihrer Untersuchungen angewiesen ist, und daß es nur seine Aufgabe sein kann, sich an Hand dieses Materials ein Urteil darüber zu bilden, ob die Feststellung der maßgeblichen individuellen Merkmale bei dem einzelnen Menschen einwandfrei möglich erscheint, und ob die Schlüsse der Forscher hinsichtlich der Allgemeingültigkeit der aus ihren Feststellungen abgeleiteten Regeln überzeugend sind.

Die Einteilung in Blutgruppen beruht auf dem verschiedenen Verhalten der roten Blutkörperchen des menschlichen Bluts gegenüber dem Serum des Bluts anderer Menschen, das darin besteht, daß die roten Blutkörperchen, wenn sie mit dem Serum eines anderen Menschenbluts zusammengebracht werden, entweder gleichmäßig verteilt bleiben oder sich verklumpen (agglutinieren). Durch unzählige solche Experimente in allen Teilen der Erde hat man festgestellt, daß sich durch die Isoagglutination in der gesamten Menschheit nur zwei voneinander unabhängige, wahrscheinlich chemische Eigenschaften[1]) (Agglutinogene) der roten Blutkörperchen unmittelbar nachweisen lassen, welche bei dem Zusammentreffen mit entsprechenden Eigenschaften (Agglutininen) des Serums die Agglutination zur Folge haben[2]). Diesen beiden Eigenschaften der roten Blutkörperchen hat man die Bezeichnung A und B beigelegt, während

---

[1]) Schiff (GM) IX, S. 376.

[2]) Zur genaueren Unterrichtung über die Erscheinungen mag verwiesen werden auf Lattes, Schiff (T) und Schiff (GM IX), einen sehr klaren und leicht verständlichen Vortrag, den Schiff am 23. 9. 1926 bei der Tagung der Gesellschaft deutscher Naturforscher und Ärzte in Düsseldorf gehalten hat, und der nach der Angabe Schiffs in der sehr eingehenden Aussprache allgemeine Zustimmung gefunden hat.

man die beiden Eigenschaften des Serums mit α und β bezeichnet. Da die beiden Eigenschaften A und B bei den einzelnen Menschen entweder überhaupt nicht oder nur eine von ihnen allein oder beide zusammen nachweisbar sind, ergeben sich vier Blutgruppen: O (Null), A, B und AB, denen nach der Landsteinerschen Regel im Serum die Eigenschaften $\alpha\beta$, β, α und o entsprechen, da kein Antigen in demselben Blut mit dem zur Agglutination führenden Antikörper (Agglutinin) zusammen sein kann[1]). Diese Blutgruppen sind über die ganze Menschheit verteilt, jedoch bei den einzelnen Bevölkerungen in ungleichem Verhältnis[2]).

Diese Ergebnisse werden heute nicht mehr ernstlich in Zweifel gezogen und dürfen daher als feststehend angesehen werden. Einige Forscher zwar haben geglaubt, auf Grund von abweichenden Beobachtungen bei ihren Untersuchungen noch weitere Agglutinogen-Agglutinin-Paare annehmen zu dürfen. Wenn das richtig wäre, „so müßten offenbar angesichts der Vermehrung der Isoagglutinationselemente die Anzahl der verschiedenen mathematisch und biologisch möglichen Kombinationen so stark zunehmen, daß den Gruppierungen jeder praktische Wert genommen würde"[3]). Lattes hat aber durch eingehende Nachprüfung der beobachteten angeblichen Abweichungen dargetan, daß letztere einen Beweis für das Vorhandensein weiterer Agglutinogen - Agglutinin - Paare nicht liefern können, und daß es sich, soweit nicht überhaupt Beobachtungsfehler vorlagen, nicht um qualitative, sondern nur um quantitative Verschiedenheiten handeln dürfte[4]). Es muß deshalb an der Viergruppeneinteilung festgehalten werden[5]).

---

[1]) Nach der Landsteinerschen Regel sind weiter die einzelnen Blutkörpercheneigenschaften gesetzmäßig mit den einzelnen Serumarten verknüpft in der Weise, daß Blut der Gruppe A im Serum ein Agglutinin gegen B und umgekehrt Blut der Gruppe B ein Agglutinin gegen A enthält. Diese Regel ist noch dahin erweitert worden, daß Blut der Gruppe 0 im Serum ein Agglutinin gegen A und B enthält, und Blut der Gruppe AB frei von Agglutininen ist (Schiff [GM IX] S. 376; Lattes S. 15).

[2]) Vgl. die interessanten Tafeln bei Lattes S. 98 ff. Man hat das Verhältnis der Blutgruppen innerhalb der einzelnen Bevölkerungen zu Rassenforschungen herangezogen und daraus einen biochemischen Rassenindex errechnet.

[3]) Lattes S. 24.

[4]) Lattes S. 23 ff.

[5]) Lattes S. 15 u. 18; Schiff (GM IX) S. 371; Schiff in JW. 1925 S. 344; Reinheimer S. 561; Poll in Krimin. Monatsschrift 1927 Heft 7 S. 153; Recke in Österr. Richterzeitung 1926 S. 157.

Sehr wichtig ist für den Juristen die Frage, ob die Technik der Untersuchung so zuverlässig ausgebildet ist, daß die Feststellung der Blutgruppe bei dem einzelnen Individuum bei Anwendung gehöriger Sorgfalt und Kontrollen jeden Irrtum ausschließt. Diese Frage wird allgemein bejaht. Die Quellen möglicher Fehler sind gut bekannt und vom geübten Untersucher leicht vermeidbar[1]).

Es erhebt sich nun die weitere sehr wesentliche Frage, ob die Blutgruppe bei dem einzelnen Individuum konstant ist. Stände das nicht fest, so könnten auf Grund der in einem durch den Zufall bestimmten Zeitpunkt ermittelten Blutgruppe einwandfreie Schlüsse nicht gezogen werden. Die Konstanz der Blutgruppen wird von der Wissenschaft als eine feststehende Tatsache angesehen[2]). Es konnten zwar, da die Blutgruppen überhaupt erst seit 1901 bekannt sind, Beobachtungen an einzelnen Menschen über ein volles Menschenleben bisher nicht gemacht werden. Die längsten zuverlässigen Beobachtungen bei einzelnen Menschen erstrecken sich auf einen Zeitraum von 20 Jahren. Es sind aber auch eine große Zahl von Untersuchungen über den Einfluß von Krankheiten, Medikamenten und allen möglichen anderen Einwirkungen gemacht worden, und man hat nie eine Änderung der Blutgruppe beobachten können. Angaben über angebliche Veränderungen konnten als Irrtümer nachgewiesen werden. „Der Satz von der Konstanz der Blutgruppen steht durchaus fest. Die Gruppeneigenschaft eines Menschen gehört untrennbar zur Persönlichkeit; sie ändert sich genau so wenig, wie sich etwa die mit der Präcipitinreaktion nachweisbaren Arteigenschaften eines Pferdeserums unter dem Einfluß einer Erkrankung ändern“[3]). Es wird deshalb die eine wesentliche Voraussetzung der gerichtlichen Verwertung der Blutgruppen bildende Annahme, daß der Mensch die Blutgruppe, mit der er geboren ist, bis zu seinem Tode unverändert beibehält, nicht mehr ernstlich bezweifelt werden können, und auch der Richter wird m. E. unbedenklich davon ausgehen können, daß die Blutgruppe beim einzelnen Menschen konstant ist und sich bei Anwendung einer geeigneten Technik zweifelsfrei feststellen läßt.

---

[1]) Schiff (GM VII) S. 362; Schiff (GM IX) S. 386; Reinheimer S. 572.
[2]) Lattes S. 37 ff.; Schiff (GM VII) S. 361; Schiff in JW. 1925 S. 344; Schiff (GM IX) S. 377 f.; Reinheimer S. 564.
[3]) Schiff (GM IX) S. 378.

Die gewichtigsten Bedenken gegen die forensische Verwertung der Ergebnisse der Blutgruppenforschung haben sich wohl hinsichtlich der Gesetzmäßigkeit der Vererbung der Blutgruppen erhoben. Die einwandfreie Erkenntnis derselben ist ja auch der Grundpfeiler einer gerichtlichen Verwendung in Abstammungsfragen. In dieser Beziehung kann man feststellen, daß die Forschung selbst mit ihren Schlußfolgerungen sehr vorsichtig gewesen ist.

Während man zwar schon früher Vermutungen über die Vererbung der Eigenschaften des Blutes äußerte, begannen die systematischen Untersuchungen in dieser Richtung erst mit dem Jahre 1910 durch v. Dungern und Hirschfeld. Sie kamen durch Untersuchung von 72 Familien mit 348 Köpfen, wobei zwölfmal die Untersuchung auf drei Generationen ausgedehnt werden konnte, zu dem Ergebnis, daß die Blutgruppeneigenschaften A und B voneinander unabhängige, dominant vererbbare Merkmale sind, während die Eigenschaften Nicht-A und Nicht-B, die nicht rein negativ sind, weil ihre Anwesenheit meist mit dem Auftreten der Agglutinine α und β im Blutserum zusammenfällt, rezessiv vererbbar sind. Die beiden genannten Forscher kamen zu dem Schluß, daß zwei voneinander unabhängige Paare von allelomorphen Erbfaktoren, A—Nicht-A und B—Nicht-B, anzunehmen seien, und daß die Vererbung den Mendelschen Gesetzen folgt[1]). Daraus ergibt sich, daß die dominanten Eigenschaften A und B sich von den Eltern auf die Kinder nicht zu vererben brauchen, daß aber, wenn ein Kind die dominanten Eigenschaften besitzt, es sie ererbt haben muß, diese Eigenschaften also auch bei den Eltern oder bei einem Elternteil nachweisbar sein müssen. Bei jedem Allelomorphenpaar sind drei Kombinationen (Genotypen) denkbar. Für A—Nicht-A also z. B.:

A — A (homozygot)
A — Nicht-A (heterozygot)
Nicht-A — Nicht-A (homozygot)

Da die Dominanz von A und B vollkommen ist, können die Genotypen A—A und A—Nicht-A durch die Untersuchung nicht unterschieden werden, d. h. wenn A vorhanden ist, kann nicht nachgewiesen werden, ob es homozygot oder heterozygot ist. Daraus folgt, daß es für jedes Allelomorphenpaar nur zwei

[1]) Lattes S. 60 ff.

Phänotypen gibt, für A also z. B. A homozygot oder heterozygot und Nicht-A homozygot. Im ganzen ergeben sich daraus vier Phänotypen, nämlich die vier Blutgruppen. Die Nachprüfung der Untersuchungsergebnisse in ihrer Gesamtheit ergab, daß die Verteilung der Blutgruppen auch zahlenmäßig durchweg den Mendelschen Regeln entsprach[1]). Es bestätigte sich auch die Unabhängigkeit der Eigenschaften A und B, denn es fand sowohl die Vereinigung als auch die Trennung dieser Eigenschaften bei den Kindern statt.

Die Ergebnisse von v. Dungern und Hirschfeld sind von anderen Forschern im Laufe der Jahre durch zahlreiche Untersuchungen nachgeprüft worden. Die Resultate sind bei Lattes[2]) eingehend dargestellt. Da sie für den Richter, der sich ein Bild über die Grundlagen der gefundenen Vererbungsregeln machen will, nicht ohne Bedeutung sind, gebe ich sie im folgenden wieder, wobei ich der Darstellung von Lattes folge.

Learmonth untersuchte 40 Familien mit 179 Köpfen[3]). Seine Ergebnisse stimmen mit denen von v. D. und H. überein. Während letztere aber bei ihren Untersuchungen keine Ausnahmen von der von ihnen aufgestellten Regel zu verzeichnen hatten, zeigt das Material von Learmonth eine Ausnahme. Es sollen nämlich in einem Fall Eltern, die beide der Gruppe O angehörten, ein Kind mit der Gruppe A gehabt haben. Das würde nach der Regel von v. D. und H. nicht erklärlich sein. Learmonth selbst nahm an, daß in dem Ausnahmefall illegitime Vaterschaft vorgelegen habe. Schiff[4]) erklärt, daß Learmonth ein Verfahren angewandt habe, das heute nicht mehr als absolut zuverlässig gelten könne.

Ottenberg hat 67 Familien mit 255 Köpfen untersucht[5]). Seine Ergebnisse bestätigen die von v. D. und H. vollkommen. Ausnahmen hat er nicht beobachtet.

Mino erstreckte seine Untersuchungen auf 90 Familien mit 438 Köpfen[6]), welche die von v. D. und H. gefundenen Ergebnisse ebenfalls bestätigten. Jedoch traten bei ihm 6 Ausnahmen auf. Unter 20 Familien mit 59 Kindern, in denen beide

---

1) Lattes S. 69.
2) Lattes S. 70 ff.
3) Lattes S. 70 f.
4) Schiff (GM VII) S. 363.
5) Lattes S. 72.
6) Lattes S. 75.

Eltern Nicht-A hatten, traten zweimal Kinder (5) mit A auf, und unter 59 Familien mit 168 Kindern, in denen beide Eltern Nicht-B hatten, traten viermal Kinder (7) mit B auf. Schiff[1]) weist darauf hin, daß Mino seine Untersuchungen an Patienten einer italienischen Poliklinik angestellt habe, was er nach den mit solchem Material gemachten Erfahrungen für sehr bedenklich hält.

Jervell (Norwegen)[2]) untersuchte 32 Familien mit 135 Köpfen und Kirihara (Japan und Korea)[3]) untersuchte 120 Familien mit 340 Kindern (darunter 23 Fälle von drei Generationen). Ihre Ergebnisse ergaben Übereinstimmung mit v. D. und H. und wiesen keine Ausnahmen auf.

Avdejeva und Grzevicz (Rußland)[4]) haben 84 Familien mit 195 Kindern untersucht. Sie verzeichnen als Ausnahmen 6 Kinder aus 3 Familien, die A oder B zeigten, während diese Eigenschaften bei den Eltern fehlten.

Plüß (Schweiz)[5]) untersuchte 84 Familien mit 388 Köpfen. Auch ihre Untersuchungen bestätigten die von v. D. und H. aufgestellte Regel vollkommen. Ein Fall, der zunächst als Ausnahme erschien, klärte sich nachträglich durch einen Irrtum bei der Gruppenbestimmung auf.

Tebutt und Connel (Australien)[6]) stimmen in ihrem Ergebnis der Untersuchung von 12 Familien mit 45 Kindern mit v. D. und H. überein.

Dyke und Budge mit 97 Familien und Dossena mit 150 Familien[7]), deren Untersuchungen sich nur auf Neugeborene erstreckten, haben keine Ausnahmen gefunden.

Keynes[8]) hat eine Familie in 4 Generationen mit 56 Personen untersucht und vollständige Übereinstimmung mit v. D. und H. festgestellt.

Es ergab sich demnach, daß bei Untersuchung von etwa 900 Familien mit 2000 Kindern Ausnahmen bei 29 Kindern aus 17 Familien bezeichnet wurden[9]). Eine sichere Aufklärung

---

1) Schiff (GM VII) S. 363.
2) Lattes S. 78.
3) Lattes S. 79.
4) Lattes S. 82.
5) Lattes S. 82 f.
6) Lattes S. 83.
7) Lattes S. 84.
8) Lattes S. 85.
9) Vgl. die Zusammenstellung bei Lattes S. 89 f.

dieser Ausnahmen ist nicht gelungen. Sie sind durch die zum Teil erst allmählich genau erforschten Fehlerquellen, wobei insbesondere Irrtümer bei der Gruppenbestimmung und Illegitimität in Betracht kommen, an sich erklärlich, also jedenfalls als wirkliche Ausnahmen nicht bewiesen. Lattes[1]) weist darauf hin, daß Abweichungen nur dann beobachtet wurden, wenn beide Eltern oder ein Elternteil der Gruppe O angehörten, daß aber gerade die irrtümliche Einreihung in die Gruppe O bei unzureichender Technik leicht vorkommen kann. Immerhin läßt Lattes[2]) die Frage noch offen, ob ausnahmsweise vereinzelte Abweichungen (vielleicht Mutationen) von dem von v. D. und H. erkannten Vererbungstypus vorkommen, und welche Bedeutung ihnen zukommt. Er kommt deshalb zu dem Ergebnis, daß die durch die bisherigen Untersuchungen gelieferten Zahlenwerte eine kräftige Stütze für die Theorie über die Gültigkeit der Mendelschen Regeln bei der Vererbung und über das Verhältnis der Dominanz und Rezessivität der einzelnen Merkmale liefert, daß diese Feststellung aber gerichtlich-medizinisch nur mit Vorsicht verwertet werden könne wegen der, wenn auch nur ganz ausnahmsweise, beobachteten Abweichungen[3]). Die Beziehungen, die zwischen Blutgruppenzugehörigkeit von Kindern und Eltern bestehen, seien ein allerdings sehr wichtiges aber nicht absolut entscheidendes Beweismoment für die gerichtlich-medizinische Aufklärung der Herkunft eines Kindes[4]).

In seinem Anhang zu Lattes[5]) spricht Schiff aus, daß nach dem damaligen Stande der Forschung das Ergebnis der Blutuntersuchung „N kann nicht der Vater sein" zumindest mit großer Wahrscheinlichkeit richtig sein müsse, daß demnach die Blutuntersuchung jedenfalls im Verein mit anderen Beweismitteln den Schluß „offenbar ausgeschlossen" mit herbeiführen könne, daß aber die Frage, ob es zulässig sei, ausschließlich auf Grund der Blutuntersuchung ohne Rücksicht auf andere Beweismomente die Vaterschaft für „offenbar unmöglich" zu erklären, sich noch nicht g e n e r e l l beantworten lasse. Schon damals vertrat aber Schiff die Ansicht, daß bei einigen Blutgruppenkombinationen der Mutter und des angeblichen Vaters beim Auftreten von Ab-

1) Lattes S. 91.
2) Lattes S. 92.
3) Lattes S. 93.
4) Lattes S. 97.
5) Lattes S. 185.

weichungen beim Kinde, allein auf Grund der Blutuntersuchung die Vaterschaft schlechthin ausgeschlossen werden könne. Es sind dies die Kombinationen A × A und B × B der Eltern, bei denen Abweichungen nie beobachtet worden sind. Wenn dagegen Vater oder Mutter zur Gruppe O gehören, meinte Schiff, könne einstweilen eine Abweichung von den Vererbungsregeln nicht mit der im Gesetz geforderten Sicherheit als absoluter Beweis für die illegitime Abstammung dienen.

Das war im Jahre 1925. Im Jahre 1926 tritt Reinheimer[1]) dafür ein, dieses neue Beweismittel tunlichst mit heranzuziehen. Ebenfalls im Jahre 1926[2]) stellt Schiff fest, daß durch die immer wiederholte Bestätigung durch zahlreiche Untersuchungen die Anwendbarkeit der Mendelschen Regeln auf die Blutgruppen des Menschen außer Zweifel stehe. Die beobachteten Ausnahmen führt er auf Unzulänglichkeit der Untersuchungmethoden und Unzuverlässigkeit des untersuchten Materials hinsichtlich der wirklichen Abstammungsverhältnisse zurück, da weitere neuere Untersuchungen keine Ausnahmen mehr ergeben hätten. Außer durch direkte Untersuchungen wurde weiter die Geltung der Mendelschen Vererbungsregeln bei den Blutgruppen durch die Berechnungen des Mathematikers Bernstein gestützt. Dieser fand, daß für ganze Bevölkerungen bestimmte Formeln gelten, die nur stimmen können, wenn sich A und B wirklich gesetzmäßig vererben, so daß Bernstein zu dem Schluß kam, daß ihm die gerichtliche Anwendbarkeit unzweifelhaft erscheine. Schiff[3]) kommt auch hier zu dem Ergebnis, daß mit Rücksicht darauf, daß überhaupt noch nicht beobachtet sei, daß aus einer Ehe A × A ein Kind B oder aus einer Ehe B × B ein Kind A hervorgegangen wäre, in Fällen, in denen bei streitiger Abstammung eine solche Kombination auftreten sollte, die Abstammung aus einer solchen Verbindung ohne Einschränkung für ausgeschlossen erklärt werden könne[4]). Im übrigen, wenn eins der

---

[1]) Reinheimer S. 576. [2]) Schiff (GM VII) S. 362 f.

[3]) Schiff (GM VII) S. 364.

[4]) In dem vom Amtsgericht Königsberg durch Urteil vom 25. I. 26 (von Prof. Dr. Nippe mit zustimmender Besprechung mitgeteilt im Zentralblatt f. Jugendrecht u. Jugendwohlfahrt, XVIII, S. 54) entschiedenen Fall hatten die Mutter A, das Kind AB, der angebliche Vater A. Das Gericht hat auf Grund dieses Ergebnisses die Vaterschaft des Beklagten für ausgeschlossen gehalten und die Klage abgewiesen. — In einem Urteil vom 13. I. 26 hat das Amtsgericht Erfurt auf Grund des Ergebnisses der von Dr. Schiff vorgenommenen Blutgruppenuntersuchung, das durch andere Momente noch gestützt wurde, die Unterhaltsklage abgewiesen.

Eltern entgegen der Erwartung die Bluteigenschaft O besitze, müsse man zwar die angeblichen Ausnahmen berücksichtigen, dabei aber zugleich in Betracht ziehen, daß in keinem der Fälle, mit Ausnahme von Mino, der aber zweifelhaftes poliklinisches Material untersucht habe, die Gruppebestimmung mit den Vorsichtsmaßnahmen ausgeführt worden sei, wie sie für die gerichtliche Verwendung unerläßlich seien. Es sei daher beim unerwarteten Auftreten von O bei einem der Eltern die Vaterschaft mit einer an Sicherheit grenzenden Wahrscheinlichkeit für ausgeschlossen zu erklären und es dem Richter zu überlassen, ob er diesen Befund als Grundlage für ein „offenbar unmöglich" verwerten will[1]).

Inzwischen hatte im Jahre 1924 Bernstein[2]) auf Grund mathematisch-statistischer Berechnungen die Anwendung eines anderen Erbschemas gefordert. Er nimmt statt der zwei unabhängig voneinander mendelnden Allelomorphenpaare, die in verschiedenen Chromosomen[3]) oder an weit voneinander entfernten Punkten desselben Chromosoms lokalisiert zu denken wären, drei multiple Allelomorphe an, welche an ein und derselben Stelle des Chromosoms lokalisiert sind[4]). Diese drei unilokalen Gene, von denen immer nur eins in demselben Chromosom auftreten kann, bezeichnet Bernstein mit R, A und B.

R A B [5])

Da jeder Mensch eine doppelte Chromosomengarnitur besitzt, so sind von den drei Erbanlagen in einem Menschen jedesmal

[1]) Ähnlich vorsichtig noch in dem im Rundbrief Nr. 25 des Archivs deutscher Berufsvormünder v. 15. 4. 26 mitgeteilten Gutachten. Bestimmter für den Ausschluß der Vaterschaft das an gleicher Stelle mitgeteilte Gutachten des Instituts f. gerichtl. Medizin der Universität Leipzig.

[2]) Klin. Wochenschrift 1924 S. 1493.

[3]) Als Träger der Erbanlagen gilt das Chromatin, ein durch organische Farbstoffe färbbarer, aus Eiweiß bestehender Teil des Zellkerns. Bei der Zellteilung, die mit einer Teilung des Zellkerns verbunden ist, formt sich das Chromatin zu einem knäuelförmigen Faden mit einer bestimmten Anzahl von Schleifen. Diese nennt man Chromosomen. Nachdem sich diese in einer bestimmten Weise geordnet haben, zerfällt jedes der Länge nach in zwei Teile. Indem die hierdurch gebildeten beiden Gruppen der halbierten Chromosomen nach verschiedenen Seiten auseinanderweichen, wird das Chromatin in zwei Hälften zerlegt, welche in die neuen Zellkerne eingehen. Die Zahl der Chromosomen ist für jede Tier- und Pflanzenart konstant.

[4]) Lattes S. 176; Schiff (GM IX) S. 379.

[5]) Nach Schiff (GM IX) S. 379.

zwei vorhanden. Es ergeben sich daher folgende Möglichkeiten (Genotypen):

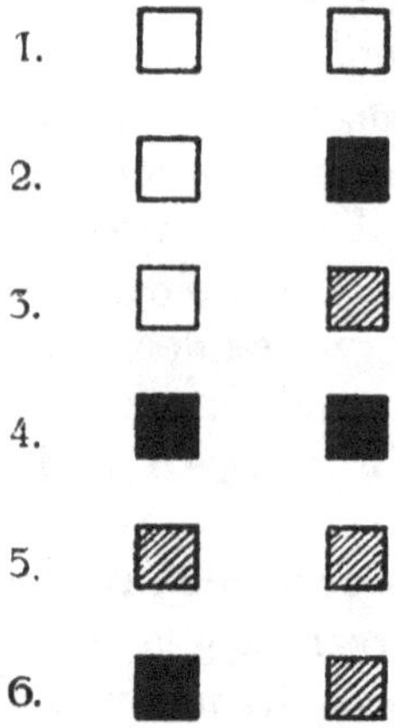

[1]

Da sich das homozygote A bzw. B vom heterozygoten A bzw. B äußerlich (serologisch) nicht unterscheiden läßt, weil R nicht unmittelbar nachweisbar ist, so fallen die Genotypen 2 und 4 sowie die Genotypen 3 und 5 zusammen. Es treten demnach nur 4 Phänotypen (Blutgruppen) auf.

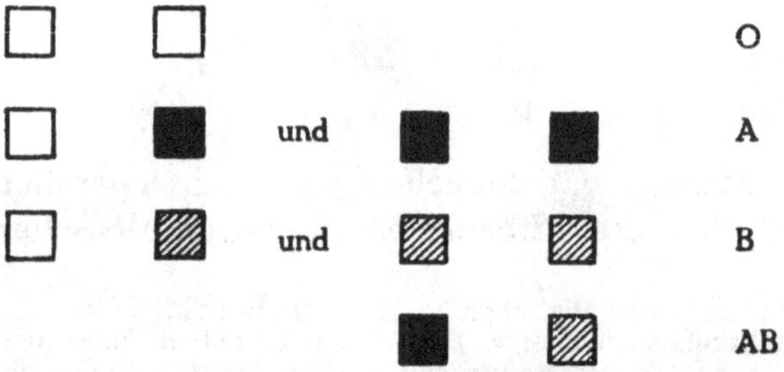

[1]

Durch das Bernsteinsche Erbschema vereinfachen sich die Vererbungsformeln für jeden Fall noch gegenüber der Hypothese von v. Dungern und Hirschfeld. Das zeigt Schiff[2]) durch einige sehr instruktive Figuren, die ich hier folgen lasse, weil sie in der Tat die Erbformeln für die einzelnen Fälle außerordentlich anschaulich darstellen.

---

1) Nach Schiff (GM IX) S. 380.
2) Schiff (GM IX) S. 380 f.

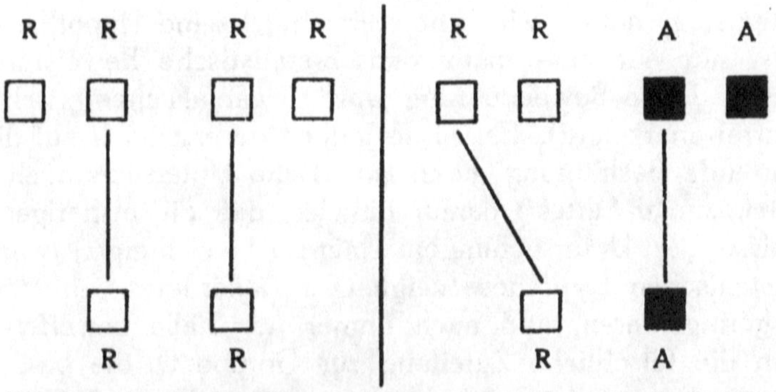

Beispiele für die Verbindung homozygoten Elters (nach Schiff).

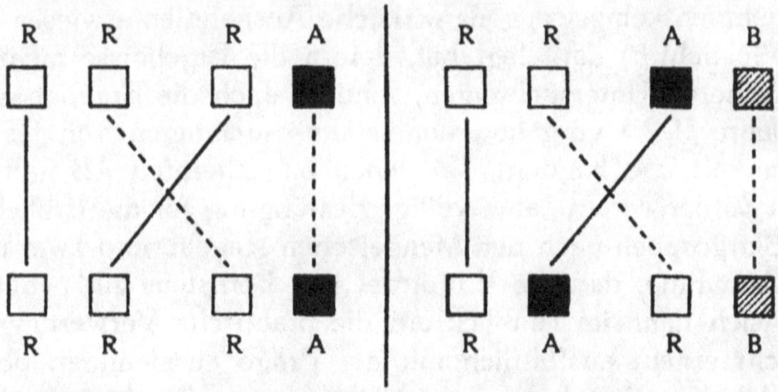

Beispiele für die Verbindung eines homozygoten Elters mit einem heterozygoten (nach Schiff).

Im allgemeinen stimmen die Ergebnisse, ob man die Hypothese von v. D. und H. oder die Bernsteinsche Hypothese zugrunde legt, natürlich überein. Es gibt aber einige Elternkombinationen, bei denen nach Bernstein andere Blutgruppen bei den Kindern zu erwarten sind als nach v. Dungern und Hirschfeld. Wenn nämlich z. B. die Eltern die Gruppen O und AB haben, so würden nach v. D. und H. Kinder aller Gruppen aus einer solchen Ehe entspringen können, nach Bernstein jedoch nur Kinder der Gruppen AR und BR. Nach Bernstein würde also aus einer Verbindung, in welcher ein Teil der Eltern AB hat, niemals ein Kind O hervorgehen können, und ferner aus einer Verbindung AB × O niemals ein Kind AB. Es würde sich hieraus also gegenüber der Hypothese von v. D. und H. eine E r w e i t e r u n g der Anwendungsmöglichkeit bei streitiger Vaterschaft ergeben.

Bernstein hatte, wie schon erwähnt, seine Hypothese zunächst nur auf eine mathematisch-statistische Beweisführung gestützt. Diese Beweisführung wurde zwar als theoretisch einwandfrei anerkannt[1]). Es wurde jedoch vorerst noch auf die zu erwartende Bestätigung durch praktische Untersuchungen verwiesen, zumal Lattes[2]) darauf hinwies, daß die bisherigen Ergebnisse der Untersuchungen einige Abweichungen von der Bernsteinschen Hypothese zeigten, die allerdings zahlenmäßig nur gering waren, und auch immer nur Fälle betreffen, bei denen die fälschliche Zuteilung zur Gruppe O, die besonders leicht vorkommt, in Frage kommen kann. Es muß jedenfalls hervorgehoben werden, daß demnach auch hier die beobachteten Ausnahmen keineswegs als wirkliche Ausnahmen erwiesen sind.

Wie Schiff[3]) dargelegt hat, liefern die Ergebnisse nicht nur der früheren Untersuchungen, sondern auch die Ergebnisse der im Jahre 1926 vorgenommenen Untersuchungen von 93 Familien mit 238 Kindern, bei denen ein Elternteil AB hatte, in ihren Zahlenwerten „eine völlige Bestätigung für die Erblichkeit der Blutgruppen nach den Mendelschen Regeln, und zwar unter der Annahme, daß die Erbformel von Bernstein gilt". Schiff[4]) setzt sich dann im Hinblick auf die praktische Verwertung vor Gericht erneut ausführlich mit der Frage auseinander, ob die Mendelschen Regeln auch wirklich ausnahmslos in jedem Fall angewandt werden dürfen. Er weist darauf hin, daß in der Literatur die verhältnismäßig hohe Zahl von 1—2 % Ausnahmen verzeichnet sind, und daß er selbst noch vor drei Jahren zu großer Vorsicht gemahnt und die uneingeschränkte Anwendung der Erbregeln nur für bestimmte Elternverbindungen, nämlich diejenigen zwischen zwei Eltern A oder zwei Eltern B für zulässig angesehen habe. Diese Verbindungen sind bisher an 386 Elternpaaren beobachtet worden, und es hat sich bei ihren 906 Kindern nicht eine einzige Ausnahme gezeigt. Auch die neueren Untersuchungen haben also keinen Fall ergeben, der die unbedingt sichere Anwendung der Mendelschen Regeln bei den Elternkombinationen A × A und B × B in Frage stellen könnte.

---

[1]) Lattes S. 177; Reinheimer S. 562 u. 569; Schiff (T) S. 7; Schiff (GM VII) S. 365 f.
[2]) Lattes S. 178.
[3]) Schiff (GM IX) S. 381 ff.
[4]) Schiff (GM IX) S. 384 f.

Schiff untersucht nun weiter die anderen Fälle, in denen angeblich Ausnahmen beobachtet worden sind. Das sind die Fälle, in denen mindestens ein Elternteil der Gruppe O angehört. Schiff weist darauf hin, daß auch hier alterfahrene Untersucher wie v. Dungern, Hirschfeld und Ottenberg nie Ausnahmen gefunden haben, sondern Ausnahmen gehäuft nur bei denjenigen Untersuchern auftraten, bei denen an technische Fehler zu denken war. Schiff selbst hat bei 60 von ihm untersuchten Familien keine Ausnahme gefunden. Schiff hat nun zu seiner Prüfung sehr umfangreiches neues Material verwerten können, das ihm von einer Anzahl von Untersuchern aus verschiedenen Teilen der Erde zur Verfügung gestellt worden ist. Das Material umfaßt allein aus dem Jahre 1926 885 Elternpaare mit 2093 Kindern, war also fast so groß wie das Material aus den Jahren 1910—1925 (973 Elternpaare mit 2270 Kindern). Insgesamt handelt es sich also um ein Material von 1858 Elternpaaren mit 4363 Kindern (8079 Personen). Die Abweichungen gegen die Vererbungsregeln von v. D. und H. hat Schiff getrennt nach altem und neuem Material in einer Tabelle zusammengestellt[1]), die hier folgt:

	1910—1925	1926
Elternpaare	973	885
Kinder	2270	2093
Ausnahmen bei Familien:		
abs.	19	1
‰	19,5	1,1
Ausnahmen bei Kindern:		
abs.	30	1
‰	13,2	0,48

Diese Zusammenstellung beweist schlagend, daß es sich bei den früher beobachteten Abweichungen bei 30 Kindern auf 2270 nicht um wirkliche Ausnahmen handeln kann, denn bei dem neuen Material kommt auf 2093 Kinder nur noch eine Abweichung (= 0,48 ‰). Der Schluß Schiffs, daß sich aus dieser Zusammenstellung ergebe, daß bei den früher beobachteten

[1]) Schiff (GM IX) S. 387.

„Ausnahmen“ lediglich die mangelhafte Technik einzelner Untersucher die Fehlerquelle bilde, und daß für die eine Ausnahme bei dem neuen Material die nie ganz auszuschaltende Fehlerquelle der Illegitimität eine hinreichende Erklärung bilde, erscheint vollkommen überzeugend.

Schiff[1]) hat dann auch noch die Ausnahmen untersucht, die sich gegen die Regeln von Bernstein ergeben, und zwar auch wieder unter Trennung des alten und des neuen Materials. Die Zusammenstellung ergibt folgendes Bild[2]):

	1910—1925	1926
Ausnahmen bei Familien:		
abs.	22	6
‰	22,6	6,8
Ausnahmen bei Kindern:		
abs.	61	6
‰	26,9	2,9

Zur Erklärung der hohen Ausnahmen bei dem älteren Material führt Schiff ein einleuchtendes psychologisches Moment an. Während nämlich die Ausnahmen gegen die Regel von v. D. und H. den Untersuchern, die ja diese Regel kannten, sofort als Ausnahmen auffallen mußten, und durch diesen Umstand zweifellos eine nochmalige Kontrolle und nachträgliche Erkennung von Irrtümern veranlaßt wurde, so daß dann weniger Ausnahmen übrig blieben, fehlte dieses Moment hinsichtlich der Bernsteinschen Regel bei den früheren Untersuchungen ganz und bei dem neueren Material noch zum Teil, da auch bei diesem noch zwei Forscher die Bernsteinschen Regeln nicht berücksichtigen. Die sechs Abweichungen aus dem Jahre 1926 hält Schiff nicht für nachgewiesene Ausnahmen. Die eine betrifft nämlich das gleiche Kind, welches schon als Ausnahme gegenüber der Regel von v. D. und H. in der ersten Tabelle aufgeführt war, das zweite abweichende Kind stammt von einer japanischen Mutter, von welcher ausdrücklich angegeben ist, daß sie in schlechtem Ruf steht, und bei den vier übrigen Ausnahmen handelt es sich um Neugeborene aus Frauenkliniken.

[1]) Schiff (GM IX) S. 388 ff.
[2]) Schiff (GM IX) S. 388.

Schiff weist darauf hin, daß bei Neugeborenenblut die Möglichkeit von Fehlbestimmungen besonders groß ist[1]).

Schiff[2]) kommt zu folgendem Ergebnis: „Die Vererbung der Blutgruppen erfolgt nach den Mendelschen Regeln, und zwar entsprechend der Erbhypothese von Bernstein. Mit Ausnahmen gegen diese Erbregeln ist bei technisch einwandfreier Untersuchung praktisch nicht zu rechnen. Die Zahl der verfügbaren Beobachtungen ist so groß, daß das Genschema von Bernstein nach dem heutigen Stande der Wissenschaft auch vor Gericht Verwendung finden darf." Wie ich schon erwähnte, hebt Schiff hervor, daß in der seinem Vortrag nachfolgenden Aussprache, an der sich etwa 20 Redner beteiligt hätten, sein Standpunkt allgemeine Zustimmung gefunden habe.

Ich glaube, der Richter hat keine Veranlassung, an der Richtigkeit dieses durch gewissenhafte Forschung erzielten Ergebnisses zu zweifeln[3]).

Das Kammergericht hat in einer neuen Entscheidung (Beschluß vom 11. 10. 1927, Rundbrief des Archivs deutscher Berufsvormünder III Nr. 12/13 S. 173 ff.) in ablehnendem Sinne Stellung genommen[4]). Die Entscheidung bedarf mit Rücksicht auf die Bedeutung, welche ihr in der Praxis beigemessen werden könnte, einer eingehenden Stellungnahme.

Die Begriffsbestimmung, mit welcher das KG. die Begründung einleitet, daß eine „offenbare Unmöglichkeit" nur dann vorliege, wenn nach den gesicherten Ergebnissen der Wissenschaft auch die entfernteste Möglichkeit ausgeschlossen ist, daß das Kind von dem bezeichneten Beischläfer seiner Mutter erzeugt sein kann, sagt im Grunde nichts anderes als, daß un-

---

[1]) Vgl. hierzu auch Lattes S. 40 f.; Reinheimer S. 572.

[2]) Schiff (GM IX) S. 389.

[3]) In einem Beschluß vom 12. 3. 26 hatte das Kammergericht noch der Ansicht Ausdruck gegeben, man könne durch die Blutgruppenuntersuchung schwerlich zu der Feststellung gelangen, daß es offenbar unmöglich sei, daß die Mutter das Kind aus dem Verkehr mit dem Beklagten empfangen haben könne. Hellwig (Zentralbl. f. Jugendrecht u. Jugendwohlfahrt XVIII S. 118) bemerkt in der Besprechung dieser Entscheidung zutreffend, daß das KG. das Gutachten des Sachverständigen mißverstanden habe. Allerdings hält nach dem Referat von Straßmann in der D. Zeitschr. f. d. ges. ger. Medizin Bd. VIII S. 481 der englische Gelehrte Buchanan noch in einem im Jahre 1926 in einer engl. Zeitschrift erschienenen Aufsatz an seiner Ansicht fest, daß Blutgruppen für die Feststellung der Vaterschaft in forensischen Fällen wertlos seien. Jedoch scheint Buchanan mit dieser Ansicht allein zu stehen.

[4]) Inzwischen auch abgedruckt in JW. 1927 S. 2862 mit ablehnender Besprechung von G. Straßmann.

möglich nicht das ist, was möglich ist. Unmöglichkeit liegt vor, wenn die Möglichkeit ausgeschlossen ist. Weder Unmöglichkeit noch Möglichkeit lassen sich dem Grade nach abstufen. Es gibt nur Unmöglichkeit oder Möglichkeit schlechthin. Daher ist bei ersterer das Wort „offenbar" ebenso überflüssig wie bei letzterer das Wort „entfernteste".

B erscheint als Wirkung von A dann unmöglich, wenn ein (von B verschiedenes) C als notwendige Wirkung von A erkannt ist. Die Notwendigkeit oder die Gesetzmäßigkeit eines Kausalverlaufs schließt die Möglichkeit eines anderen Verlaufs aus und ist daher allein geeignet, die Grundlage für ein Urteil über die Unmöglichkeit des letzteren zu bilden. Die Unmöglichkeit einer kausalgesetzlichen Verknüpfung zweier Naturerscheinungen kann also nur dann behauptet werden, wenn diese Verknüpfung mit einem feststehenden Naturgesetz, das einen anderen Verlauf erwarten läßt, im Widerspruch steht. Dieser Nachweis muß gefordert werden, wenn eine gesetzliche Vorschrift den Beweis der Unmöglichkeit verlangt. Eine scharfe Formulierung ist hier unbedingt am Platz. Verschwommene Erklärungen, die mit Ausdrücken wie „vernünftige Erwägung", „Unvereinbarkeit mit dem Menschenverstand" u. dgl. operieren, gehen um den Kern herum. Es handelt sich also für uns lediglich um die Beantwortung der Fragen:

1. Ist die Vererbung der Bluteigenschaften, welche zur Unterscheidung der Blutgruppen dienen, als Naturgesetz erkannt?

2. Steht die Art und Weise der Vererbung fest?

Ein Naturgesetz läßt keine Ausnahmen zu. Wird unzweifelhaft ein Verlauf festgestellt, der dem angenommenen Gesetz nicht entspricht, so ist das Gesetz entweder nicht richtig oder nicht vollständig erkannt. Naturgesetze lassen sich nur auf empirischem Wege erkennen. Die Frage kann also hier nur die sein, ob die aufgestellten Regeln über die Vererbung der Blutgruppen nach den Methoden der Naturwissenschaft durch genügende Häufung von Beobachtungen als gesetzmäßige Zusammenhänge mit Sicherheit erkannt sind. Ist das der Fall, dann sind sie ebenso anzuwenden, wie alle anderen feststehenden Naturgesetze. Darüber zu urteilen, ist in erster Linie Sache der Naturwissenschaften, und es ist eigentlich selbstverständlich, daß der Jurist, wenn er sich bei der Neuartigkeit der Entdeckung gedrängt fühlt, sich an Hand des von Medizinern gesammelten Beobachtungsmaterials selbst ein Bild zu verschaffen, sich auf den Standpunkt des Naturwissenschafters stellen muß, ebenso wie er es ja auch gewöhnt ist, wirtschaftliche Zusammenhänge vom wirtschaftswissenschaftlichen Standpunkt aus zu betrachten. Es ist deshalb verfehlt, wenn das KG. glaubt feststellen zu müssen, daß das BGB. für eine offenbare Unmöglichkeit strengere Anforderungen aufstelle, als die, welche die ärztliche Wissenschaft für ihre Beweisführung als ausreichend erachte. Das BGB. hat mit der Methode der Ermittlung von Naturgesetzen nichts zu tun und versteht auch unter Naturgesetzen nichts anderes als die ärztliche Wissenschaft.

Was nun die Beantwortung der Frage nach der Gesetzmäßigkeit der aufgestellten Vererbungsregeln anbelangt, so kann ich den Darlegungen des KG. nicht folgen. Bei der Forschung nach Naturgesetzen wird die Zahl der Beobachtungen und Experimente im Verhältnis zur Zahl der unbeobachteten Vorgänge meistens verschwindend gering sein. Aus diesem Umstand kann gegen die Zuverlässigkeit nicht ohne weiteres ein Argument entnommen werden. Man wird sich begnügen müssen, wenn eine Regel aus einer hinreichend großen Zahl von Beobachtungen abstrahiert und durch zahlreiche spätere Beobachtungen bestätigt ist. Dann ist die Gewähr dafür gegeben, daß das Zusammentreffen kein zufälliges war, und das muß für die Feststellung genügen, daß ein gesetzmäßiger Zusammenhang vorliegt. Ich glaube nicht, daß man bei der Bestätigung durch mehr als 4000 Beobachtungen noch daran zweifeln kann, daß ein Naturgesetz die übereinstimmenden Merkmale des Verlaufs bestimmt. Der Zweifel wäre nur dann gerechtfertigt, wenn Ausnahmen von der Regel wirklich festgestellt worden wären. Dann würde entweder das Gesetz nicht bestehen oder noch nicht in seinem die Ausnahmen deckenden Umfang erkannt sein. Das KG. übersieht aber, wenn es auf die angeblichen Ausnahmen so großes Gewicht legt, daß sie gar nicht als Ausnahmen erwiesen sind, sondern die abweichende Beobachtung durch besondere Umstände veranlaßt sein kann, die der Beobachtung jede Bedeutung nehmen würden, und für deren Vorliegen in fast allen Fällen sogar eine große Wahrscheinlichkeit besteht. Das KG. übersieht ferner, daß es gewisse Kombinationen gibt, bei denen Abweichungen überhaupt noch nie beobachtet worden sind, nämlich die Elternkombinationen A × A und B × B. Vor allem aber übersieht das KG. völlig, daß die Richtigkeit der Regeln durch mathematisch-statistische Berechnungen bestätigt worden ist, deren Untrüglichkeit als mathematische an sich außer Zweifel steht, und die außerdem auf einem durch Massenbeobachtungen großen Stils gewonnenen Material aufbauen.

Die Bemerkung Schiffs, daß noch manche Fragen ungeklärt seien, auf welche das KG. hinweist, hat mit unserem Problem nichts zu tun. Sie bezieht sich nicht auf die Fragen der Vererbung und beeinträchtigt die Sicherheit des hierüber gewonnenen Ergebnisses nicht.

Es stehen demnach folgende Erbregeln fest:

I. Regel von v. Dungern und Hirschfeld:

„Besitzt ein Kind die Bluteigenschaften A oder B, so muß A bzw. B auch bei den Eltern vertreten sein."

II. Regeln von Bernstein:

a) „Ein Kind O kann weder von Vater noch von Mutter AB abstammen."

b) „Ein Kind AB kann weder von Vater noch von Mutter O abstammen."

Folgende Tabelle ergibt die Fälle, in denen die Vaterschaft ausgeschlossen erscheint:

	Mutter			
Kind	O	A	B	AB
O	AB	AB	AB	kommt nicht vor
A	O, B	—	O, B	—
B	O, A	O, A	—	—
AB	kommt nicht vor	O, A	O, B	O

Was die Verwertung dieser Ergebnisse in der Praxis betrifft, so ist zu betonen, daß zwei Feststellungen möglich sind, die einer gerichtlichen Entscheidung unbedenklich zugrunde gelegt werden können:

1. daß die Vaterschaft des angeblichen Vaters möglich ist, und

2. daß die Vaterschaft des angeblichen Erzeugers ausgeschlossen ist.

Die Feststellung zu 1. wird in Vaterschaftsprozessen kaum eine Rolle spielen, da die Zahl der einer Blutgruppe angehörenden Menschen zu groß ist. Nur in ganz besonders gelagerten Fällen wird eine solche Feststellung vielleicht einmal einen gewissen Wert haben können. Dagegen muß die Feststellung zu 2. in den Fällen, in denen sie getroffen werden kann, von entscheidender Bedeutung sein. Man wird sie nach den vorgetragenen Unterlagen als vollkommen gewiß ansehen dürfen, so daß es eines weiteren Beweises — etwa zur Bekräftigung — nicht bedarf. Die Feststellung, daß die Vaterschaft eines Mannes ausgeschlossen ist, kann nicht nur zugunsten des als Vater in Anspruch Genommenen, sondern in anderen Prozessen auch ebenso wohl zugunsten des Kindes den Ausschlag geben. Letzteres dann, wenn die Beiwohnung mehrerer Männer während der Empfängniszeit bewiesen ist, die Unterhaltungsklage z. B. also bisher hätte abgewiesen werden müssen, nunmehr aber u. U. festgestellt werden kann, daß die Vaterschaft der in Betracht kommenden Männer bis auf einen ausgeschlossen ist[1]).

Leider erscheint die Aussicht, im einzelnen Fall zur Ausschließung der Vaterschaft auf Grund einer bestimmten Blutgruppenkombination zu gelangen, verhältnismäßig gering. Schiff hat berechnet, daß eine Blutgruppenkombination, bei der diese Feststellung möglich ist, nur in rund 25 % aller Fälle zu erwarten ist[2]). Er weist zugleich aber auch noch zutreffend darauf hin, daß bei der Anwendung der Blutgruppenuntersuchung im Prozeß sich dieses Verhältnis noch erheblich verringern muß, weil hier der angebliche Vater in der größten Zahl der Fälle tatsächlich der wirkliche Vater ist, die für eine Ausschließung der Vaterschaft günstigen Kombinationen im Verhältnis zu der

---

[1]) Schiff (L) S. 188 meint, daß die Heranziehung der Blutuntersuchung zur Abwendung der exceptio plurium wohl die wichtigste Anwendung auf forensisch-medizinischem Gebiet sei.

[2]) Schiff (GM VII) S. 367.

Gesamtzahl der Untersuchungen also noch erheblich seltener sein werden. Er nimmt einen Durchschnitt von etwa 10 % an[1]).

Es ist aber selbstverständlich, daß die Aussicht, nur in etwa 10 % aller Fälle überhaupt zu einem sicheren Ergebnis zu kommen, das Beweismittel nicht zu einem untauglichen macht. Unser Prozeßrecht würde die Abschneidung des Beweises mit dem Hinweis auf die geringe Aussicht des Erfolges nicht zulassen. Bei anderen Beweismethoden würde man wahrscheinlich auch gar nicht daran denken. Kaum der Erwähnung bedarf es, daß auch die Belastung der Staatskasse in Prozessen, in denen die Parteien das Armenrecht haben, mit den Kosten der Untersuchung keine Rolle spielen kann, zumal die Interessen der Parteien, die in solchen Prozessen auf dem Spiele stehen, sehr schwer wiegen.

Richtig ist, daß zur Zeit niemand gezwungen werden kann, sich Blut zur Feststellung seiner Blutgruppe entnehmen zu lassen, und daß daher der ganze Beweis an dem Widerstand eines Beteiligten von vornherein scheitern kann. Auf den ersten Blick scheint dadurch die praktische Anwendung überhaupt stark in Frage gestellt. Nach den bisherigen Erfahrungen ist aber mit einem Widerstand nur selten zu rechnen. Die Entnahme weniger Tropfen Blut aus dem Ohrläppchen ist nahezu schmerzlos und absolut ungefährlich[2]), so daß auch der Vormund die Einwilligung zu dem Eingriff bei seinem Mündel unbedenklich geben kann. Mißtrauen der Beteiligten wird sich durch geeignete Belehrung leicht zerstreuen lassen. Wird trotzdem von der Kindesmutter oder dem Vormund ohne genügende Begründung die Duldung der Blutentnahme abgelehnt, so wird in manchen Fällen der Schluß gerechtfertigt sein, daß das Motiv ein schlechtes Gewissen, die begründete Furcht vor einem ungünstigen Ergebnis der Untersuchung ist. Unter Umständen kann nach Lage des Falles eine vorsichtige Würdigung dieses Umstandes zulässig erscheinen.

Es empfiehlt sich, die Blutgruppenuntersuchung entweder schon vor dem Prozeß oder gleich zu Beginn des Prozesses vornehmen zu lassen. Hat sie ein Ergebnis, so macht sie jede weitere Beweisaufnahme, die sonst gerade in diesen Prozessen oft einen großen Umfang annimmt, und auch die Anrufung der

---

[1]) Schiff (GM IX) S. 400.
[2]) Schiff (T) S. 55; Schiff (L) S. 180.

zweiten Instanz überflüssig. Führt sie zu keinem brauchbaren Ergebnis, so wird zur Widerlegung der exceptio plurium der betreffende Zeuge sich zur Vornahme der Untersuchung bei ihm leicht bereit finden, da er keine Gefahr läuft, sondern die Möglichkeit, daß er selbst etwa als Vater in Anspruch genommen werden könnte, wenn es dem Beklagten gelänge darzutun, daß seine Beiwohnung aus anderen Gründen außer Betracht bleiben muß, unter Umständen endgültig ausgeschaltet werden kann.

Ein Hinweis von Schiff[1]) scheint mir noch beachtlich. Im einzelnen Fall empfiehlt es sich, nicht sofort alle in Betracht kommenden Personen zu untersuchen, sondern zunächst nur das Kind und die Mutter, weil sich in etwa 40 % aller Fälle schon hierbei eine Kombination der Blutgruppen findet, die eine weitere Untersuchung aussichtslos erscheinen läßt. Nach den Bernsteinschen Regeln kann aber auch die Untersuchung des Kindes und des angeblichen Vaters allein (etwa wenn die Mutter sich weigert) schon zu einem verwertbaren Ergebnis führen, wenn nämlich das Kind O und der angebliche Vater AB hat oder umgekehrt. Allerdings ist die Gruppe AB die seltenste (beim Deutschen etwa 5—8 %), so daß dieser Fall nicht oft eintreten wird.

Voraussetzung für die Verwertung einer Blutgruppenuntersuchung vor Gericht ist in jedem Fall, daß die Untersuchung von einem Sachverständigen vorgenommen wird, dessen Zuverlässigkeit in bezug auf die Genauigkeit der Untersuchung unzweifelhaft ist. Es werden regelmäßig diejenigen wissenschaftlichen Institute in Frage kommen, welche auf solche Untersuchungen eingerichtet sind.

Eine weitere, zwar an sich selbstverständliche, aber doch zu beachtende Voraussetzung ist, daß die Identität der Person bei der Blutentnahme zweifelsfrei festgestellt wird. Das Gericht wird sich in jedem Fall davon überzeugen müssen, daß diesem Erfordernis Genüge geschehen ist.

[1]) Schiff (GM IX) S. 397.

FSC
www.fsc.org
MIX
Papier | Fördert gute Waldnutzung
FSC® C083411

Kolibri 360 GmbH
Ferdinand-Jühlke-Straße 7
99095 Erfurt, Deutschland
produktsicherheit@kolibri360.de